DISCOURS

PRONONCÉ

Dans l'Eglise du Pèlerinage de Notre-Dame

de la Délivrande

Au MORNE-ROUGE (Martinique)

A L'OCCASION DE LA BÉNÉDICTION SOLENNELLE

DU GRAND ORGUE DE TRIBUNE

CONSTRUIT DANS LES ATELIERS DE M. HENRI DIDIER

Facteur d'Orgues à Moyenmoutier (Vosges)

PAR

L'ABBÉ E. SIMONET

PRÊTRE AUXILIAIRE

et Organiste de la Cathédrale de Saint-Pierre

le 10 Août 1886

———

NEUFCHATEAU

IMPRIMERIE TYPOGRAPHIQUE ET LITHOGRAPHIQUE GONTIER-KIENNÉ

—

1889

A

M. L'ABBÉ CUDENNEC

Vicaire Général

Curé de la Cathédrale de Saint-Pierre

(MARTINIQUE)

HOMMAGE

DE MA RESPECTUEUSE ET INALTÉRABLE

AFFECTION

E. SIMONET

PRÊTRE

Le 10 août 1886, le jour de la fête de saint Laurent, martyr, avait lieu, dans le sanctuaire du pèlerinage de Notre-Dame-de-la-Délivrande (Martinique), que desservent depuis de longues années les Révérends Pères du Saint-Esprit et du Saint-Cœur-de-Marie, une belle et intéressante cérémonie : c'était la bénédiction et l'inauguration du grand orgue de tribune (1) construit par M. Henri DIDIER, facteur d'orgue à Moyenmoutier (2). Sa Grandeur, Monseigneur Carméné, évêque de la Martinique, malgré un état sérieux de souffrances, avait tenu à venir lui-même présider cette belle fête et, dès neuf heures du matin, il arrivait à la sainte montagne avec ses vicaires généraux. L'office commença aussitôt par le chant du psaume *Laudate Dominum in sanctis éjus*, exécuté en faux-bourdon, sans accompagnement d'aucune sorte : jusque-là, l'orgue était muet, le Pontife ne lui avait pas encore donné mission de chanter dans le saint temple. Après les versets et l'oraison de la liturgie, l'instrument, sous les doigts habiles d'un artiste d'une incontestable valeur (3), se mit à éclater joyeusement et à faire monter vers le ciel ses plus splendides harmonies et ses plus suaves concerts, variés à l'infini, tandis que la foule énorme des fidèles qui se pressait dans l'église, se sentant prise d'un enthousiasme indèscriptible, laissait refléter extérieurement les saintes émotions qui remplissaient les âmes.

(1) Voir les notes à l'appendice : Note *(a)*.

(2) Aujourd'hui établi à Epinal (Vosges).

(3) M. Charles Pornain, organiste de la cathédrale de Fort-de-France (Martinique).

La messe fut célébrée solennellement par M. l'abbé Cudennec, vicaire général : Monseigneur assistait au trône. L'orgue, à juste titre, y prit sa place, écouté et admiré de plus en plus. Pour la circonstance, M. Pornain alla puiser ses motifs dans les plus belles inspirations de Guillemant, de Vidor, de Saint-Saëns et de Salomé, ces princes de l'orgue, et le fit avec un art d'exécution digne des plus grandes églises.

Mais, là où il montra un talent remarquable, ce fut à l'offertoire, pendant lequel il fit entendre, avec des variations d'une infinie richesse, le cantique populaire si connu et si chanté à la Martinique : *Reine des cieux, jette les yeux sur ce béni sanctuaire*, dont l'exécution, habilement interprêtée, émut bien des assistants jusqu'aux larmes.

Après l'Evangile, monsieur l'abbé Simonet, monta en chaire et prononça le discours suivant :

Laudate Dominum in chordis et organo.
(Louez le Seigneur sur les instruments
à cordes et sur l'orgue (Psalm. 118).

Monseigneur (1)

Mes Frères,

Dieu est harmonie : *Trinus et unus*, et cette perfection, splendeur et couronnement de toutes les autres, brille dans toutes ses œuvres, depuis la création des anges, suprêmes intelligences, jusqu'à l'humble fleur des champs et au brin d'herbe que foule aux pieds le passant du chemin. Toutes les créatures animées ou inanimées prennent leur place dans le grand et beau concert à la gloire de Dieu, toutes doivent chanter ses louanges et redire ses bontés, et ce cantique, commencé dès l'origine des âges, ne doit s'éteindre qu'à la fin des temps, dans une immense convulsion, indicible effort, qui sera le dernier chant aussi terrible que les sons de la dernière trompette.

L'Eglise catholique, fille de Dieu, devait avoir, elle aussi, sa voix, ses harmonies et ses cantiques, résumer toutes les voix, toutes les harmonies de la terre et du ciel et les faire monter, comme un encens d'agréable odeur, au nom de la création tout entière, vers son divin auteur.

Quelle est donc la voix qu'elle choisira, l'organe *(organum)* dont elle se servira, pour faire monter ses chants d'amour, d'allégresse, de reconnaissance à son Dieu, aussi bien que les plaintes, les tristesses, les remords et la pénitence de ses enfants jusqu'aux pieds du meilleur et du plus miséricordieux des Pères? Ce sera la voix de l'orgue, l'orgue dont elle a fait un de ses symboles les plus chers; l'orgue qu'elle admettra comme une puissance dans sa liturgie; l'orgue, dont les mille voix, formant un tout admirable, ayant chacune leur tempérament, symboliseront toutes les voix de la terre et du ciel qu'il résume et supplée.

(1) Monseigneur Carméné, évêque de la Martinique.

— 4 —

Monseigneur,

Dans son commentaire sur le psaume 13ᵉ, le grand docteur de l'Eglise des Gaules, saint Hilaire, exprime une pensée bien belle : « L'Evêque, nous dit-il, est comme l'orgue du Saint « Esprit, pour faire entendre au peuple la variété des voix du « ciel et la diversité de la doctrine, dans son admirable unité : « *Episcopus, Spiritus Sancti organum, per quod vocis varietas* « *et doctrinæ diversitas audienda est.* » (1) Or, depuis plus de dix ans que la Providence, dans sa miséricordieuse bonté pour ce pays, vous a appelé sur le siège de la Martinique, vous avez fait souvent entendre à votre peuple bien-aimé, sans lassitude ni défaillance, les divines incantations du Verbe de Dieu. Ah ! puissions-nous, longtemps, bien longtemps encore entendre votre parole si magistrale qui, pour notre foi, n'est autre chose qu'un écoulement de la parole harmonieuse du Verbe, et qui, bien mieux que l'orgue du saint temple, nous émeut, nous console, nous réconforte et nous fait espérer. Aussi, Monseigneur, nous voulons toujours la recueillir cette parole avec la plus entière soumission et le plus filial amour ; nous voulons la conserver dans nos cœurs avec le même soin et la même émotion, qu'on emporte, d'un beau et suave concert, l'impression et le charme des harmonies, qui alors semblent devenues immatérielles pour se prolonger et se conserver dans notre mémoire.

I

Il faudrait écrire une longue histoire, si l'on voulait remonter aux origines de l'instrument si manifestement prédestiné à exprimer les plus nobles sentiments du cœur de l'homme, le sentiment religieux, le besoin de la prière et de l'adoration. Jamais, même dans les premiers âges du monde, la parole et les chants n'ont suffi à l'homme dans son culte à la Divinité. Toujours, la musique et la symphonie des instruments lui ont été nécessaires, comme l'expression naturelle, spontanée, de toutes les émotions profondes, de tous les nobles enthousiasmes, comme aussi de toutes les douleurs.

Il y a longtemps que le saint roi David, ce modèle sublime de la prière, a mêlé les sons de sa harpe aux accents de sa pa-

(1) S. Hilar. Com. in psalm. XIII, cap. 2.

rôle inspirée et qu'il a dit avec l'autorité même de cette inspiration : « Chantez des cantiques au Seigneur sur la cithare, sur la flûte et sur la trompette : *Psallite Domino in cithara, in tubis ductilibus et voce tubæ corneæ* (PSALM. 118.)

Plus tard, Jérusalem est en ruines, Jérémie soupire sur ses décombres ces lamentations où l'accent du deuil se produit sous les formes d'une douleur incomparable, que répètent après lui les accords du psaltérion, entrecoupés par la voix.

Les enfants de Juda sont captifs sur les rives du fleuve de Babylone, c'est encore le chant qu'ils invoquent pour interpréter les accents de leur patriotique tristesse, et, s'ils suspendent leurs cithares aux saules du rivage, *in salicibus in medio ejus suspendimus organa nostra* (PSALM. 136), c'est parce que l'accompagnement en était suppléé par le mélancolique et sombre murmure des ondes, dans lesquelles tombaient leurs larmes : *Super flumina Babylonis, illic sedimus et flevimus* (Ibid.)

Au contraire, Israël a secoué les fers de l'Egypte et franchi la Mer Rouge, Moïse entonne son sublime cantique et tout son peuple chante au double bruit des instruments qui résonnent et des vagues qui, revenues sur elles-mêmes, semblent aussi, par leurs fracas tumultueux, chanter à leur manière la défaite des Pharaons qu'elles engloutissent dans leurs abîmes. *Flavit spiritus tuus, et operuit eos mare : submersi sunt quasi plumbum in aquis vehementibus* (EXOD. 15).

Mais le temps me manque, mes Frères, pour vous dire l'histoire et le rôle des instruments qui, symbolisant de loin la grande et belle voix de l'orgue, accompagnaient, depuis de longs siècles, la prière et le chant des hommes. D'autre part, ne semble-t-il pas superflu de prendre la parole pour faire l'éloge de l'orgue, qui sait si bien lui-même nous faire entendre sa voix mélodieuse ?

II

Oui, mes Frères, l'orgue parle, et toujours son beau langage est plus puissant que tous les discours à émouvoir notre âme et la porter à la prière. D'où vient cette puissance de l'orgue, non seulement sur notre âme, mais sur nos sens? D'où vient que l'Eglise a voulu l'adopter comme un objet sacré de son culte, de sorte qu'elle le fait sien exclusivement et qu'il entre désormais dans la liturgie catholique ?

Ne pourrait-on pas, dites-moi, appliquer à l'orgue cette belle pensée de saint Augustin sur la musique en général? « La « musique a été accordée aux mortels pour les avertir d'une « grande chose ; *musica ad admonitionem magnæ rei mortali-* « *bus concessa est* (S. Aug. de Musica. C. 1.) Et en effet, ajoute « le saint Docteur, de même qu'en une savante harmonie les « notes se mêlent et s'entrelacent, les unes brèves, les autres « longues ; celles-ci qui montent, celles-là qui descendent, « toutes prévues par le génie de l'artiste, courant avec une « beauté infinie pour ne former qu'un même concert, de « même Dieu, dont la sagesse a créé l'univers et dont l'art « dépasse tous les arts, fait succéder les temps aux temps, les « hommes aux hommes, les évènements aux évènements, sans « que jamais la moindre note, soit brève, soit longue, dans cet « admirable cantique des choses créées, n'ait été prévue et « définie par lui pour concourir à ses harmonieux desseins. » Oui, mes Frères, cette savante pensée me paraît applicable à l'orgue. Écoutez ce puissant instrument, lorsqu'il s'élance sous la main qui le touche, atteignant lui aussi, comme le dit saint Augustin, les deux termes avec suavité ; ici, forçant l'âme à se recueillir avec lui, à gémir avec lui, alors qu'il éclate en voix et en cris douloureux ; là, grondant comme le tonnerre ; sur cette note, poussant des soupirs qui nous arrachent des larmes ; sur cette autre, affermissant notre âme comme avec des accords d'airain, mais disposant ces accords pour converger en une même harmonie.

Pour sentir cette suprême puissance de l'orgue, mes Frères, il n'est pas nécessaire d'être musicien. « Toute âme chrétienne, « dit le célèbre cardinal Cusa, dans son traité de l'âme, est « parfaitement disposée ; elle contient en elle-même un écho « des harmonies célestes ; elle résume tout ce qu'il y a de plus « beau dans les harmonies sensibles et intellectuelles. »

Aussi, l'Eglise, si bien inspirée en toutes choses, convie surtout le peuple et les pauvres à ce festin musical de son instrument sacré, festin de joie divine, qui se dévore par les oreilles, pour me servir d'une expression de Tertullien, *devo-randus auditu.* Car, nous enseigne saint Augustin, « le peuple « a de la musique dans l'âme, il possède cette harmonie mysté- « rieuse qui sort des parties les plus secrètes du sanctuaire « intime de son cœur, comme le feu jaillit de la pierre » (S. Aug. de Musica. Ibid.)

Saint François d'Assise était un homme du peuple dans toute l'acception du mot ; il avait le sens éminemment artistique, et un jour, il ordonna à un de ses frères de jouer de la harpe avec plus de suavité qu'à l'ordinaire, parce que le son de cet instrument le préparait à jouir des harmonies célestes qu'il entendait souvent. Ainsi, mes Frères, en est-il de l'orgue et de ses harmonies puissantes ; elles élèvent l'âme du peuple, elles la divinisent, si je puis m'exprimer de la sorte, en lui donnant de vraies et de grandes satisfactions ; elles l'instruisent en atteignant, même à son insu, les touches les plus secrètes de son cœur.

III

Mais, mes Frères, l'orgue n'est pas seulement une harmonie puissante, cette harmonie parle et célèbre le Christ, comme elle contribue à la gloire du Christ, touchante doctrine que résume bien l'inscription suivante, que j'ai lue sur le bel orgue de l'ancienne cathédrale de Toul : « *Christum concelebro, Christum cano, omnia Christum* : Je célèbre le Christ, je chante le Christ, tout ce qui est en moi est pour le Christ. »

Ah ! que viennent donc faire ici, près de l'autel et du tabernacle, les mélodies profanes et les emprunts inconvenants faits à des chants corrompus et corrupteurs ? L'orgue n'a qu'une mission : parler du Christ, célébrer le Christ, être un hymne continuel à la gloire du Christ : *Christum concelebro, Christum cano, omnia Christum.* Le Christ n'est-il pas, par excellence, le suprême artiste dont les aspirations créatrices doivent présider à toutes les inspirations ? *Omnia per ipsum facta sunt* (JOAN C. 1). Ne savez-vous pas qu'il est, comme l'appellent les saints docteurs, l'harmoniste universel, et que tout ce qui est mélodie, consonance, variété dans l'accord, doit nous faire rêver au Christ, comme tout ce qui est lumière, tout ce qui est vérité doit nous faire aspirer vers lui ? vers lui, source de toute beauté et de toute splendeur ? vers lui, l'habile enchanteur des âmes, dont les charmes sont irrésistibles, *Incantator peritus*, comme dit saint Justin ?

Il est l'harmoniste par excellence, lui qui, par son oblation et son sacrifice, a réconcilié le monde avec Dieu et mis en paix la terre avec le ciel. Avant lui, l'accord originel de Dieu et de la créature avait été brisé; l'harmonie de la famille humaine était rompue, les hommes ne reconnaissaient plus Dieu pour leur Père et ce père était justement irrité contre des enfants ingrats. Le Christ est venu, il a parlé, il a prié, il a souffert ! Il a dit sa doctrine aux hommes, il a offert sa passion à Dieu et il a rétabli sur des bases nouvelles l'antique accord : *Deus erat in Christo mundum reconcilians sibi* (Cor. IV, 17).

Oui, le Christ est l'artiste et l'harmoniste par excellence. Ainsi l'avaient compris les chrétiens des premiers siècles, lorsque, dans les peintures des catacombes, ils représentaient le Sauveur sous les traits d'Orphée, le musicien aux chants doux et puissants, que la fable montrait comme ayant obligé l'enfer à lui rendre sa proie.

Aussi, celui à qui est confié le royal instrument, peut-il mieux faire que de s'inspirer du Christ, toutes les fois qu'il se dispose à faire passer sa foi et son âme tout entière dans les jeux de l'orgue ? A ce prix, le travail de l'organiste devient un véritable sacerdoce. S'il comprend sa mission, il va prendre l'homme jusqu'au plus intime de son être, il le sépare du dehors, le ramène au dedans, le prépare à goûter Dieu : *Gustate quia suavis est Dominus.*

Vous étiez entré dans cette église d'un air froid et indifférent, vous ne pensiez à rien. Tout à coup, la voix de l'orgue se fait entendre. Malgré vous, elle recueille votre âme et écarte de votre esprit le tumulte de vos distractions, elle calme les mouvements désordonnés de votre imagination et de votre cœur. Comme Saül, aux heures où il était agité par le malin esprit, se calmait et se rassérénait en entendant la harpe de David, vous aussi, vous sentez un calme bienfaisant se faire dans tout votre être. L'artiste continue, ses accents deviennent plus pénétrants, sa mélodie pieuse gagne votre cœur, elle le touche, l'ouvre, en fait monter un flot de larmes. Vous pleurez et, comme malgré vous, vaincu par cette divine puissance de l'instrument sacré, vous vous agenouillez pour redire une prière depuis longtemps oubliée. L'apostolat de l'artiste et de son instrument a eu raison de vos résistances. Ayant senti Dieu au fond de ces grandes mélodies, vous lui avez juré de ne plus ni l'offenser ni l'oublier, et votre âme entre avec joie dans le grand accord, dans l'union fraternelle des cœurs étroitement unis entr'eux parce qu'ils sont avant tout unis à Dieu.

Telle est, mes Frères, la puissance, telle est la grande et belle voix de l'orgue, que l'Eglise a incorporé au temple chrétien et qui fait partie de son architecture ; de l'orgue, le plus grand, le plus magnifique, le plus audacieux de tous les instruments créés et qui, par ses gigantesques et suaves harmonies, semble capable de combler l'espace qui sépare la terre du ciel et de servir d'interprète à d'humbles créatures agenouillées dans le temple, pour transmettre leurs prières au Dieu caché dans les éblouissantes splendeurs de sa gloire.

L'orgue, a dit un grand poète de ce siècle,

> L'orgue, le seul concert et le seul gémissement
> Qui mêle aux cieux la terre,
> La seule voix qui puisse, avec le flot dormant
> Et les forêts bénies,
> Murmurer ici-bas quelque commencement
> Des choses infinies. (LAMARTINE)

IV

Mes Frères, depuis vingt-cinq ans, à partir du jour où le pèlerinage de la Délivrande a été desservi par les Révérends Pères du Saint Cœur de Marie, l'auguste sanctuaire du Morne Rouge s'est merveilleusement embelli chaque année. Depuis le gracieux et fier clocher qui porte bien haut dans les airs le signe sacré du salut, depuis les riches lambris qui dérobent à la vue la nudité des murailles, depuis les dalles de marbre des parvis du temple jusqu'aux fresques de ses routes, depuis le riche *ex-voto*, où s'épanouit radieuse et consolante la blanche image de notre bonne mère, jusqu'aux autels avec leurs bronzes précieux, tout a été fait avec le goût le plus exquis.

Mais à ce temple, il manquait une voix, la plus belle, la plus suave, comme la plus émouvante de toutes les voix, la voix de l'orgue, qui pût mêler ses chants, ses prières harmonieuses aux chants et aux prières de la foule. Qui donc la Très-Sainte Vierge choisira-t-elle pour doter son sanctuaire du royal instrument ?

Dans le courant de l'année 1844, un jeune missionnaire de la côte orientale d'Afrique contracta, à la suite d'un pénible apostolat, une maladie de larynx qui lui fit subitement perdre la voix. L'art et les efforts des médecins les plus expérimentés étaient demeurés impuissants contre la terrible maladie. Sur ces entrefaites, le malade, conduit providentiellement à Rome, se trouva en rapport avec une femme d'une grande vertu et d'une haute sainteté, la vénérable abbesse de Minks, la mère Makrina. Sur l'avis de la religieuse, il avait abandonné tout traitement médical et commencé certaines pratiques de dévotion qui lui furent prescrites, quand, le samedi 7 novembre 1846, après sa visite ordinaire à l'image de la « Mère Admirable », qu'il priait avec faveur, il recouvra subitement la voix. La nouvelle de cette faveur se répandit avec la rapidité de l'éclair et toute la communauté accourut aussitôt avec des manifestations extraordinaires de joie et d'actions de grâces, et tandis que le prêtre, miraculeusement guéri, chantait à pleine voix le *Te Deum*, tous, à genoux aux pieds de l'image de la Très-Sainte Vierge, brillamment illuminée, entonnèrent des chants d'une indicible allégresse et d'une reconnaissance sans bornes en l'honneur de Marie.

Ce missionnaire, c'était le Révérend Père Blampin, que l'amour le plus ardent et la plus vive reconnaissance enchaînaient désormais aux pieds de la Très-Sainte Vierge, dont il devenait en quelque sorte l'homme-lige, et à qui elle devait, à quelques années de là, confier la garde de son sanctuaire.

Mon Révérend Père, cet orgue, dont votre piété et votre zèle viennent d'enrichir l'église de Notre-Dame de la Délivrande, était depuis longtemps l'objet de vos plus chers désirs. La Très-Sainte Vierge vous avait rendu la voix, cette voix que toujours nous aimons à entendre se mêler ici pieusement et ardemment aux cantiques et aux louanges à la Reine du ciel. Vous avez voulu en retour doter son béni sanctuaire de la plus belle de toutes les voix d'ici bas, de la grande et belle voix de l'orgue, dont la symphonie et les accords seront ici, et pour longtemps, comme la continuation et le prolongement des cantiques d'allégresse et du *Te Deum* d'action de grâces chantés aux pieds de l'image de la « Mère admirable » le 7 novembre 1846.

Vous me disiez, il y a quelques jours, lors de la pose de l'orgue : « Maintenant, je puis chanter mon *Nunc dimittis* ». — Non, mon Révérend Père, l'heure n'en est pas venue, nous avons besoin que l'exemple de votre piété et de vos fortes vertus demeurent. Aussi, le Seigneur nous accordera, pendant de longues années encore, *ad multos annos*, d'entendre votre voix se mêler aux accords mélodieux de l'orgue de Notre Dame de la

Délivrande, de cet orgue qui, le 21 septembre 1892, saura trouver ses plus suaves effets et ses plus incomparables harmonies, pour célébrer les noces d'or de votre consécration sacerdotale.

Un mot encore, mes biens chers Frères, et je l'adresse au jeune et intelligent artiste, des mains duquel est sorti l'admirable instrument dont vous avez déjà entendu les richesses mélodieuses. Grâce à une éducation profondément religieuse à laquelle son père (1), chrétien fortement trempé, aussi bien que facteur d'orgues distingué, l'a initié de bonne heure, M. Henri Didier a compris ce qu'était l'orgue aux yeux de la foi et ce que l'on devait essayer de lui faire rendre, et il a mis ses études et son art au service de sa piété. — Je ne vous féliciterai pas, Monsieur, du bel avenir et de la renommée que votre précoce talent vous réserve, et je ne répèterai pas ici le bel éloge (2) que faisait de vous et de vos travaux une des voix les plus autorisées de l'art musical religieux en France, le digne M. Grosjean, organiste de la cathédrale de Saint-Dié, qui avait bien voulu présider, à Moyenmoutier, l'expertise et la réception de l'orgue (3), mais je vous dirai : « Que toujours la foi anime toutes vos conceptions et toutes vos œuvres et vous aurez la gloire d'être, avec les Dallery, les Clicot, les Erhart et les Cavaillé, un des fondements de l'art religieux dans notre belle France.

Maintenant, ô royal instrument, dont l'armure est à la fois pacifique et pleine de flèches victorieuses, demeurez toujours ici comme l'écho des voix et des pensées divines, portez jusqu'au ciel l'expression de notre reconnaissance et redescendez encore nous enseigner le secret des mélodies supérieures à celles de la terre. C'est au nom du Verbe, qui est comme la musique universelle du monde, que je vous commande d'être fidèle à votre mission, de ne jamais trahir la note qui vous est confiée, et de rendre ce que l'artiste aura conçu ; de le rendre, s'il est possible, encore plus beau, en lui prêtant le concours de votre souffle intelligent.

Alors, mes biens chers Frères, seront réalisés les vœux for-

(1) Voir note (*b*).
(2) Voir note (*c*).
(3) Voir note (*d*).

mulés par la sainte Eglise, et que répétait le Pontife en bénissant votre magnifique instrument :

« Il excitera les fidèles à célébrer avec plus d'ensemble les louanges de Dieu: *Quo fideles ad tuam gloriam et laudes concinandas excitentur.* Il contribuera à augmenter en eux la foi, l'espérance et la charité : *Fiat in ipsis fidei, spei et charitatis augmentum.* Il mettra dans les cœurs une sainte émulation de ferveur, d'amour pour la vérité, de désir pour l'accomplissement du bien : *Ut, cum fidelibus aurium insonnerit, crescat in cordibus eorum te laudandi et benedicendi, tuique verbi audiendi et faciendi æmulatio ».*

Je m'arrête, mes bien chers Frères, sur cette dernière pensée de la sainte liturgie. Vous n'ignorez pas combien redoublent à l'heure présente les périls de la société chrétienne ; avec quelle audace ses ennemis travaillent contre elle ; quels combats l'avenir réserve aux soldats du Christ.

Serez-vous tentés, au milieu de ces luttes, de vous laisser gagner par la défaillance et le découragement ? Que faire contre tant de légions armées contre nous ?

C'est l'heure où, dans les batailles, pour ranimer le courage de leurs troupes, les chefs donnent le signal de la musique guerrière. Ses vaillants accords rendent le cœur aux épuisés, les rangs se reforment, on reprend la marche en avant, on jure de vaincre ou de mourir et on remporte la victoire,

Qu'il en soit ainsi de vous, mes bien chers Frères, le combat est terrible, l'heure est périlleuse ! Que les saintes mélodies retentissent sous les voûtes de nos temples ! que l'orgue, à la voix puissante et douce tout à la fois, ranime nos courages défaillants, et qu'en nous inspirant plus de confiance en Dieu, il nous conduise à la victoire et à l'éternel triomphe.

Ainsi-soit-il !

APPENDICE

Note (*a*).

L'orgue du pèlerinage de Notre-Dame de la Délivrande, au Morne Rouge, commandé dans le courant de l'année 1885, fut complètement terminé dans les premiers jours de septembre 1886.

Cet instrument est établi à deux claviers disposés en console « récit expressif et grand orgue », ayant chacun leur sommier à double laye; il est muni, de plus, d'une pédale indépendante.

Voici sa composition :

Au Grand Orgue (56 notes — 8 jeux)

1.— Montre de 8 pieds.	5.— Bourdon de 16 pieds.
2.— Salicional de 8 pieds.	6.— Prestant de 4 pieds.
3.— Flûte harmonique de 8 pieds.	7.— Trompette de 8 pieds.
4.— Bourdon de 8 pieds.	8.— Clairon de 4 pieds.

Au Récit expressif (56 notes — 7 jeux)

1.— Bourdon de 8 pieds.	5.— Cor de chamois de 8 pieds.
2.— Gambe de 8 pieds.	6.— Basson-hautbois de 8 pieds.
3.— Voix céleste de 8 pieds.	7.— Voix humaine de 8 pieds.
4.— Flûte octaviante de 4 pieds.	

A la Pédale (25 notes — 2 jeux)

1.— Octave basse de 8 pieds. | 2.— Soubasse de 16 pieds.

Pédales de Combinaisons

1. — Accouplement du Récit au Grand orgue
2. —   —   du Grand orgue à la pédale.
3. —   —   du Récit à la pédale.
4. — Introduction des Fonds du Grand orgue.
5. —   —   des Anches du Grand orgue.
6. —   —   des Anches du Récit.
7. — Accouplement des claviers à l'octave grave.
8. — Pédale de Trémolo.
9. — Bascule d'expression.

Commandé expressément pour résister à l'humidité si pernicieuse du Morne Rouge, où aucun instrument ne peut durer (1), cet orgue a été exécuté avec les soins les plus minutieux. La soufflerie a tous ses plis rivés intérieurement et extérieurement par des bandes de cuivre ; toutes les pièces de bois employées ont été vernies et sont adhérentes les unes aux autres par un collage spécial, lubréfié ensuite au moyen d'un vernis de résine; de plus, toutes les pièces collées sont vissées par le moyen de vis en cuivre. Tous les ferrements de l'orgue et du buffet sont galvanisés. Le buffet, en chêne massif de choix, est fort gracieux et encadre parfaitement l'instrument : il est l'œuvre de M. Eugène Vallin, architecte à Nancy.

(1) Dans un espace de moins de quinze ans, six harmoniums importants, achetés successivement pour le Morne Rouge, ont été mis en débris après fort peu d'usage, sous l'influence terrible de la grande humidité qui y règne.

Note (*b*).

Il s'agit ici de M. Charles Didier, habilement formé à la facture par feu M. Jean-Pierre, le facteur de Rambervillers si connu. Il le quitta en 1859, pour s'établir à Luxeuil (Haute-Saône), où il a créé un grand nombre d'orgues fort remarquables et, aujourd'hui encore, très appréciées pour beaucoup d'églises des diocèses de Besançon et de Saint-Dié. Ses dernières œuvres furent le grand orgue de Rupt-sur-Moselle, instrument de grande valeur, et l'orgue monumental de Moyenmoutier, avec son superbe et gigantesque buffet, le seul qui, dans les Vosges, porte une « Montre » effective de 16 pieds en façade. C'est dans ce dernier travail surtout que Charles Didier s'est montré à la hauteur de toutes les ressources de l'art moderne qu'il possédait et qu'il y a admirablement appliquées. Ce fut le terme de sa carrière ; il mourut quelque temps après, comme il avait toujours vécu, dans des sentiments admirables de foi, de piété et de courage chrétiens, laissant à son fils Henri l'exemple de ses vertus et l'héritage de son talent.

Note (*c*).

« Je dois cette justice à M. Didier, que nous ne sommes pas « habitués à entendre ces timbres là dans nos Vosges. — C'est « un orgue signé Didier qui, par la bonne exécution de son « mécanisme, la pureté et la promptitude d'attaque de ses « timbres, est en réalité un orgue de Cavaillé. » — Lettre de M. Grosjean à M. l'abbé Simonet (20 septembre 1885).

Note (*d*)

Les Révérends Pères du Morne Rouge avaient désigné, à leurs frais, quatre experts, pour recevoir l'orgue dans les ateliers de M. Henri Didier, à Moyenmoutier, avant son expédition à la Martinique (1). C'étaient MM. Grosjean, organiste de la cathédrale de Saint-Dié (Vosges), président ; Justin, organiste de la cathédrale de Béziers (Hérault) ; Bernard, organiste de l'église Saint-Christophe, à Neufchâteau (Vosges), et Martin, organiste à Charmes (Vosges).

Cette expertise eut lieu le 17 septembre 1886, en présence d'un auditoire d'élite composé d'ecclésiastiques et d'amateurs, qui s'étaient rendus à Moyenmoutier pour la circonstance. A l'unanimité, les éloges les plus complets furent décernés à M. Henri Didier, et le procès-verbal le plus élogieux fut rédigé et signé, après une longue et captivante audition.

(1) Cette mesure de prudence avait été prise à la suite d'une manœuvre intéressée, mais déloyale, ayant eu pour but de déprécier l'œuvre de M. Henri Didier, qui, insinuait-on, n'y aurait employé que des matériaux de mauvais choix et en devait manquer complètement l'harmonie et les timbres. La journée du 17 septembre a été la réponse éloquente de M. Didier et sa plus belle revanche.

Au moment de mettre sous presse (février 1889), il arrive à la Martinique une lettre des Vosges annonçant qu'une personnalité intéressée, mais peu charitable, y avait fait courir le bruit que cet orgue du Morne Rouge n'avait pu résister à l'influence du climat, par défaut de construction, et qu'il était devenu hors d'usage, après moins de trois ans de service. C'est alors que les R.R. Pères gardiens du pélerinage, émus d'une pareille injustice, ont adressé à M. Henri Didier l'attestation suivante, qui trouve tout naturellement sa place ici :

Place du

sceau

du pèlerinage.

Nous, Soussignés, Missionnaires desservant le Pèlerinage de Notre-Dame de la Délivrande, Martinique, certifions, à qui il appartiendra, que le Grand Orgue de tribune, fourni par M. Henri Didier, facteur d'orgues à Moyenmoutier (Vosges), et reçu avec les plus grands éloges, le dix août mil huit cent quatre-vingt-six, par un jury composé d'hommes les plus compétents, parmi lesquels un premier prix d'orgue et d'harmonie au Conservatoire de Paris (Monsieur Louis Souquet Basiège) et un autre élève du même Conservatoire (Monsieur Albert de Pichery), s'est fort bien conservé et maintenu en excellent état, malgré les influences climatériques si désastreuses (humidité intense et chaude) du Morne Rouge, qui n'ont en rien altéré la perfection irréprochable et douce du mécanisme, et que l'harmonie délicieuse de cet instrument, qui rappelle, à s'y méprendre, l'harmonie des instruments de la Maison Cavalier-Coll de Paris, dont nous avons un spécimen dans le splendide orgue de Fort-de-France, s'est admirablement maintenue sans la moindre altération.

Les soussignés profitent de la circonstance, pour adresser de nouveau leurs plus sincères félicitations au si consciencieux et si sympathique facteur, qui se recommande à tous les vrais amis de l'art par l'habileté dont il a fait preuve, dans tous les instruments qu'il a construits ou réparés, depuis trois ans, à la Martinique, aussi bien que par la bonne qualité de ses matériaux et la modicité de ses prix.

Fait double, au Morne Rouge (Martinique), près le sanctuaire de N.-D. de la Délivrande, le dix-huit février, mil huit cent quatre-vingt-neuf.

Place du sceau de
la Congrégation
du Saint-Esprit
et du St-Cœur
de Marie.

Signé : C. BLAMPIN, sup. d mis.

J. MARY.

KÉRAMBRUN.